U0613966

纳 悦

心理 ＋ 差异化教学心理教学资源

侯昱倩　主编

中国海洋大学出版社
·青岛·

图书在版编目（CIP）数据

纳悦：心理＋差异化教学心理教学资源/侯昱倩主编.--青岛：中国海洋大学出版社，2023.8

ISBN 978-7-5670-3592-8

Ⅰ. ①纳… Ⅱ. ①侯… Ⅲ. ①小学教育－教育管理 Ⅳ. ①G627

中国国家版本馆CIP数据核字（2023）第163488号

NAYUE: XINLI + CHAYIHUA JIAOXUE XINLI JIAOXUE ZIYUAN

纳悦：心理＋差异化教学心理教学资源

出版发行	中国海洋大学出版社
社　　址	青岛市香港东路23号　　　　邮政编码　266071
出 版 人	刘文菁
网　　址	http://pub.ouc.edu.cn
订购电话	0532-82032573（传真）
责任编辑	邹伟真　　　　　　　　　　电　　话　0532-85902533
印　　制	青岛海蓝印刷有限责任公司
版　　次	2023年8月第1版
印　　次	2023年8月第1次印刷
成品尺寸	185 mm ×260 mm
印　　张	4.75
字　　数	78千
印　　数	1～1 000
定　　价	46.00元

发现印装质量问题，请致电0532-88786655，由印刷厂负责调换。

前言

　　2012 年修订的《中小学心理健康教育指导纲要》已经明确把"学会学习"作为中小学心理健康教育面向全体学生的具体目标之一，突显了对学生心理问题研究的必要性和对学生进行心理辅导的重要性。青岛大名路小学课程开发团队，运用心理学及其相关理论，对学习活动中影响学生学习的内外因素进行综合分析，了解和掌握学生认知发展的特点和现有的学习策略水平，确定辅导训练的重点和方法，针对如何有效地自我管理、调控学习行为、提高学习能力和学业成绩、提高自我监控能力、优化心理品质进行了大量的研究和实践。减负增效，注重学生学科素养的培养是核心目标。高效课堂需要良好师生关系的建构和学习心理理论与策略的助力。青岛大名路小学多年来致力于心理＋差异化教学的策略研究且成果显著。在青岛市教育科学"十四五"规划 2021 年度课题"心理＋差异化教学的策略研究"（课题批准号：QJK2021C086）和青岛市教育学会 2021 年度教育研究课题"随班就读智力障碍儿童同伴交往干预研究"（课题批准号：2021XZ008）的指导下，积累了

PREFACE

大量的立足学科、体现融合、知行并举的教育实践，为增强差异化教学的有效性提供合适路径。

感谢青岛大名路小学所有参与课程编写的一线老师，感谢济南大学佟月华教授、青岛理工大学刘启辉副教授、市北区教育研究发展中心课程研究部林立春主任和心理学科教研员徐璐老师的专业指导。

本书在许多方面还存在一些不足，恳请读者批评指正。

侯昱倩

2023 年 5 月

目录

CONTENTS

1 甜蜜的家

看到这座房子了吗？你想起了什么？你能把自己的想法和老师、伙伴们交流吗？快点行动起来吧！

材料和工具

每人6张卡片（卡纸片或扑克牌），卡片盒。

说明：卡片是在语言训练环节记录交流次数的工具。

知识检索

☆ 华佗发明良药 ☆

我国汉末医学家华佗，有一次看到蜘蛛被马蜂蜇后，落在一片绿苔上，打了几个滚，肿便消失了。他由此就联想到绿苔可用来为人治病。通过试验，消肿解毒的良药便问世了。

☆ "隐身衣" 的发明 ☆

苏联卫国战争期间，列宁格勒遭到德军的包围，经常受到敌机的轰炸。有一次，苏军伊万诺夫将军视察战地时，看见有几只蝴蝶飞在花丛中，时隐时现，令人眼花缭乱。他随即产生联想，并请来昆虫学家施万维奇，让他设计出一套蝴蝶式防空迷

彩伪装图案。施万维奇参照蝴蝶翅膀花纹的色彩和构图，结合防护、变形和仿照三种伪装方法，将活动的军事目标涂抹成与地形相似的巨大多色斑点，并且在遮障上印染了与背景相似的彩色图案。就这样，苏军数百个军事目标披上了神奇的"隐身衣"，大大降低了重要目标的损伤率，有效地防止了德军飞机的轰炸。

执行任务

思维建构

从红铅笔到蓝铅笔，从写到画，从画圆到印圆点，从圆柱到筷子……运用联想可以很快地从记忆里搜索出需要的信息，构成一条链，通过事物的接近、对比、同化等条件，把许多事物联系起来思考，开阔思路，加深对事物之间联系的认识，并由此形成创造构想和方案。

1. 有 1 分钟时间思考，4 分钟时间回答。可以提问，但要计时。任何时候都不能互相交谈。

2. 每一个普通回答得 1 分，每个创造性回答得 5 分。

3. 每名组员有 6 张卡片，按顺序依次回答。一名组员给出一个答案后，要交出一张卡片。

4. 请大声回答，吐字清晰。一旦计时开始，就不会中断，即使要求你重复回答，或解释回答，或让你给出另一个正确的答案。

5. 不可以打乱顺序回答。如果一名组员回答不出，小组的解题就会停下来。

6. 回答时间结束或用完所有的卡片，就不能再回答了。

7. 需要回答的问题是：看到这张房子的图片，说一说你的想法。

2 变化的世界

　　孙悟空来也！看到他，你最先想到了什么？或许你会想到他的 72 变。我们的生活离不开变化。你能想象没有变化的世界会是什么样子吗？和伙伴们交流一下吧。

材料和工具

　　每人 6 张卡片（卡纸片或扑克牌），卡片盒。

说明：卡片是在语言训练环节记录交流次数的工具。

☆ 电话的发明 ☆

1875年6月2日，贝尔和他的助手华生分别在两个房间里试验电报机，一个偶然发生的事件启发了贝尔。华生房间里的电报机上有一个弹簧粘到了磁铁上，华生拉开弹簧时，弹簧发生了振动。与此同时，贝尔惊奇地发现自己房间的电报机上的弹簧也颤动起来，还发出了声音，是电流把振动从一个房间传到了另一个房间。贝尔的思路顿时大开，他由此想到：如果人对着一块铁片说话，声音将引起铁片振动；若在铁片后面放上一块电磁铁的话，铁片的振动会在电磁铁线圈中产生时大时小的电流。这个波动电流沿电线传向远处，远处的类似装置就会发生同样的振动，发出同样的声音，这样声音就沿电线传到远方去了。电话发明之前不一定有"电话"一词，贝尔和华生按照新的设想制成了电话机。

思维建构

发散思维，又称辐射思维、放射思维、扩散思维或求异思维，是指大脑重新组织当前信息和已存储信息，产生出大量独特的新思想的思维方式，它表现为思维视野广阔，思维呈现出多维发散状。可以通过"一题多解""一事多写""一物多用"等方式，培养发散思维能力。如思考问题时跳出点、线、面的限制，进行立体式思维。

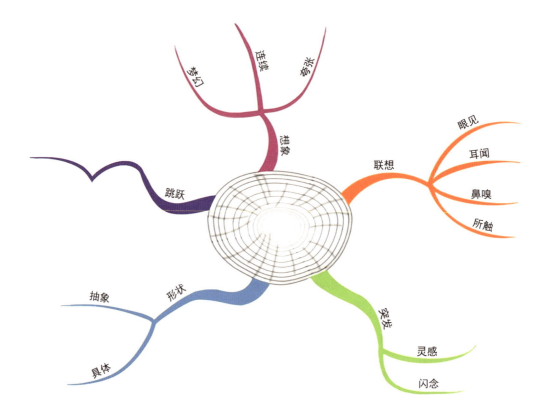

心理教学资源

行动验证

1. 有 1 分钟时间思考，4 分钟时间回答。可以提问，但要计时。任何时候都不能互相交谈。

2. 每一个普通回答得 1 分，每个创造性回答得 5 分。

3. 每名组员有 6 张卡片，按顺序依次回答。一名组员给出一个答案后，要交出一张卡片。

4. 请大声回答，吐字清晰。一旦计时开始，就不会中断，即使要求你重复回答，或解释回答，或让你给出另一个正确的答案。

5. 不可以打乱顺序回答。如果一名组员回答不出，小组的解题就会停下来。

6. 回答时间结束或用完所有的卡片，就不能再回答了。

7. 需要回答的问题是：说出变化的事情或被变化的事情，可以说一些事情是怎样变化的。

父母更换婴儿的尿片。

种子生长成植株。

2个5角硬币换1个1元硬币。

月亮影响潮汐。

你的回答很有帮助。

思维变开阔。

……

可以从以下方面进行思考：

化学变化、物理变化、物种变化、环境变化、人体变化、颜色变化、温度变化、植物变化、动物变化……

制造和使用工具是人与动物的根本区别。你们了解的工具是怎样的？下面一起畅所欲言吧！

每人6张卡片（卡纸片或扑克牌），卡片盒。

说明：卡片是在语言训练环节记录交流次数的工具。

知识检索

☆ 鲁班和他发明的工具 ☆

鲁班是我国古代的一位出色的发明家，我国的土木工匠们都尊称他为祖师。今天，木工师傅们用的手工工具，如锯、钻、刨子、铲子、曲尺、划线用的墨斗，据说都是鲁班发明的。而每一件工具，都是鲁班在生产实践中得到启发，经过反复研究、试验而发明出来的。

鲁班创造了木匠划线用的墨斗，那是他看到母亲裁衣服受到启发的结果。墨斗刚做好时，每次鲁班弹线，都得请母亲帮忙捏住墨线的一头。即使母亲正在做衣服或煮饭，也不得不赶来帮忙。有一天，鲁班母亲对他说："你做个小钩子，不就可以代替我捏着墨线了吗？"鲁班一听，对呀！他很快做成了一个。从此，只用一个人就可以弹墨线了。直到现在，木工师傅们还把这个小钩子叫"班母"呢。

逆向思维是从相反方向思考问题的方法，也叫反向思维。客观世界中许多事物之间，甲能产生乙，乙也能产生甲。如化学能能产生电能，据此，意大利科学家伏特于1800年发明了伏打电池。反过来，电能也能产生化学能，通过电解，英国化学家戴维自1807年起发现了钾、钠、钙、镁、锶、钡、硼等7种元素。

行动验证

（在桌子上放一把榔头、一把螺丝刀、一把钳子。）

1.有1分钟时间思考，4分钟时间回答。可以提问，但要计时。任何时候都不能互相交谈。

2.每一个普通回答得1分，每个创造性回答得5分。

3.每名组员有6张卡片，按顺序依次回答。一名组员给出一个答案后，要交出一张卡片。

4.请大声回答，吐字清晰。一旦计时开始，就不会中断，即使要求你重复回答，或解释回答，或让你给出另一个正确的答案。

5.不可以打乱顺序回答。如果一名组员回答不出，小组的解题就会停下来。

6.回答时间结束或用完所有的卡片，就不能再回答了。

7.需要回答的问题是：你了解的物品有哪些作用？期待你运用逆向思维，得到创造性的答案。

延伸探究

　　组员们今天很活跃，但怎样才能配合好，跟前面的同学答案不冲突？咱们讨论一下吧！

4 夸张的魅力

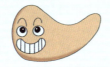

你喜欢左边的图形吗？它们有什么特点？这样画的好处是什么？你还想起了哪些很夸张的人物或事情？赶快把自己的想法和老师、伙伴们交流一下吧！

材料和工具

每人 6 张卡片（卡纸片或扑克牌），卡片盒。

说明：卡片是在语言训练环节记录交流次数的工具。

知识检索

☆ 名句欣赏 ☆

秋浦歌

李白

白发三千丈，缘愁似个长。

不知明镜里，何处得秋霜。

秋夜将晓出篱门迎凉有感

陆游

三万里河东入海，五千仞岳上摩天。

遗民泪尽胡尘里，南望王师又一年。

执行任务

 思维建构

☆ 夸张句 ☆

1. 他张开大口，对着大山大吼，大山抖了三抖。

2. 他迈开双腿，一步登天了。

3. 他一口气，吸干了长江之水。

4. 班里好安静，一根针掉地上都能听见。

当一个人为某一问题苦苦思索时，就会在大脑里形成一种"优势灶"，一旦受到其他事物的启发，人们就很容易与这个"优势灶"产生联系，从而解决问题。

行动验证

1. 有 1 分钟时间思考，4 分钟时间回答。可以提问，但要计时。任何时候都不能互相交谈。

2. 每一个普通回答得 1 分，每个创造性回答得 5 分。

3. 每名组员有 6 张卡片，按顺序依次回答。一名组员给出一个答案后，要交出一张卡片。

4. 请大声回答，吐字清晰。一旦计时开始，就不会中断，即使要求你重复回答，或解释回答，或让你给出另一个正确的答案。

5. 不可以打乱顺序回答。如果一名组员回答不出，小组的解题就会停下来。

6. 回答时间结束或用完所有的卡片，就不能再回答了。

7. 需要回答的问题是：假设你和一名同学正在讨论你们的朋友，你如何很夸张地描述你们的朋友很高、很强壮、非常聪明？

5 有趣的节日

中国那达慕

中国泼水节

巴基斯坦马球节

西班牙西红柿节

看，上图中是几个很有特色的节日。你还知道哪些节日？你想怎样度过节日？你想设立哪些节日？

材料和工具

每人6张卡片（卡纸片或扑克牌），卡片盒。

说明：卡片是在语言训练环节记录交流次数的工具。

知识检索

☆ 曲别针的用途 ☆

在一次学术研讨会上，来自日本的村上幸雄先生拿出一把曲别针，请大家动动脑筋，打破框框，想想曲别针都有什么用途。大家七嘴八舌，议论纷纷。有的说可以别胸卡、挂日历、别文件，有的说可以挂窗帘、钉书本，大约说出了二十余种。村上幸雄说："有三千种用途。"大家很吃惊。然而就在此时，坐在台下的许国泰先生，给村上幸雄写了个条子说："村上幸雄先生，对于曲别针的用途我可以说出三万种。"村上幸雄十分震惊，大家也都不太相信。许国泰先生说："村上幸雄先生所说曲别针的用途，我可以简单地用四个字加以概括，即钩、挂、别、联。但我认为远远不止这些。接着他把曲别针的含义分解为铁质、重量、长度、截面、弹性、韧性、硬度、颜色等8个要素，用一条直线连起来形成信息的栏轴，然后把要动用的曲别针的各种要素用直线连成信息标的竖轴。再把两条轴相交垂直延伸，形成一个信息反应场，将两条轴上的信息依次"相乘"，达到信息交合……"于是曲别针的用途就无穷无尽了。

故事告诉我们，发散思维对于一个人的智力、创造力来说多么重要！

执行任务

思维建构

横向思维是相对于纵向思维而言的一种思维形式。纵向思维是按逻辑推理的方法直上直下的收敛性思维。而横向思维是当纵向思维受挫时，从横向寻找问题答案。横向思维与纵向思维代表了一维与多维的互补。最早提出横向思维概念的是英国学者德波诺。他创立横向思维概念的目的是针对纵向思维的缺陷提出与之互补的对立的思维方法。

行动验证

1. 有1分钟时间思考，4分钟时间回答。可以提问，但要计时。任何时候都不能互相交谈。

2. 每一个普通回答得1分，每个创造性回答得5分。

3. 每名组员有6张卡片，按顺序依次回答。一名组员给出一个答案后，要交出一张卡片。

4. 请大声回答，吐字清晰。一旦计时开始，就不会中断，即使要求你重复回答，或解释回答，或让你给出另一个正确的答案。

5. 不可以打乱顺序回答。如果一名组员回答不出，小组的解题就会停下来。

6. 回答时间结束或用完所有的卡片，就不能再回答了。

7. 需要回答的问题是：为这个有趣的新节日起名字，并说说人们用怎样有趣的方式来庆祝这个新节日。

延伸探究

组员们的创造性答案很多，但怎样才能衔接好顺序，节省更多的时间呢？我们来交流一下。

6 超级变变变

　　你喜欢捏橡皮泥吗？仔细看看老师用橡皮泥捏成了什么？在捏制的过程中都运用了哪些方法？

　　揉揉、捏捏、团团、搓搓，利用橡皮泥特殊的性质，在短时间内，就可以制作出小巧可爱、细致逼真的作品来。

　　3根吸管和1块橡皮泥。

☆ 吸管是谁发明的？ ☆

　　吸管是美国的马文·斯通在1888年发明的。19世纪，美国人喜欢喝冰凉的淡香酒，为了避免口中的热气减弱酒的冰凉感，他们不用嘴直接饮用，而以空心的天然麦秆来吸饮。可是天然麦秆容易折断，它本身的味道也会渗到酒中。当时，美国烟卷制造商马文·斯通从烟卷中得到灵感，制造了一支纸吸管。试饮之后发现它既不会断裂，也没有怪味。从此，人们不只在喝淡香酒时使用吸管，喝其他冰凉饮料时，也喜欢使用吸管。

思维建构

根据图解，把你手中的橡皮泥变变样吧！

吸管的变化也是很多的，可以弯曲、折叠、拼插……你想到了什么？动手试试看。如果把橡皮泥和吸管组合，又会是什么样的呢？开始今天的训练吧！

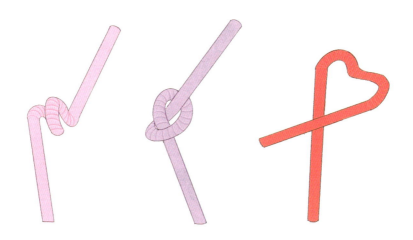

行动验证

1.有2分钟时间思考，3分钟时间回答。可以提问，但要计时。任何时候都不可以交谈。

2.要按顺序回答，不可以轮空、重复或由别人代答。

3.一旦比赛开始，就不能停下来。即使要求你们重复回答或说明回答或做出更合适的回答，也照常计时。

4.有3根吸管、1块橡皮泥。可以合用和交换这些材料。

5.需要回答的问题是：对手中的这些材料进行描述，或者说一下它们的用途。如举起1根吸管说："这是1根标杆。"或拿起搓圆的橡皮泥和吸管说："这是1只棒球和1根棒球棍。"

延伸探究

查阅资料，把你了解到的原因记录下来。

为什么吸管能把饮料吸上来？

　　在这幅作品中，作者用流畅的线条描绘了春天的美好。你能把图片中的直线、曲线、长线、短线分别找出来吗？

　　5根彩色电线、1支笔。

思维建构

你能一笔把下面的图形描出来吗？注意，只能用一笔哟！

☆ 绘画小游戏 ☆

请你随意地在纸上画一些线条。你的纸也可以随意转动哟。

根据已有的图形，加以想象，就可以形成一幅有趣的画啦。

行动验证

1. 有1分钟时间思考，3分钟时间回答。可以提问，但要计时，任何时间都不得相互交谈。

2. 要按顺序轮流回答。当回答问题的时候，必须起立。每次只能有一名组员站立。

3. 一旦计时开始，就不可以中断。如果要求重复回答时，计时照常进行。回答问题时声音要响亮、清楚。

4.每人一根绝缘电线。你们的题目是要用这根电线即兴做成一个形状，并说出它是什么，或者它的用途。例如，你们可以把线做成"3"的形状，并说"数字3"。

延伸探究

线条虽然简单，但在同学们的笔下，有的柔软、有的坚硬、有的纤细、有的流畅、有的曲折……它们可以组成丰富的画面，也可以装饰、美化各种形象。你也来试试吧！

欣赏一首管弦乐队演奏的乐曲和一首民乐队演奏的乐曲。分别说说你都听出哪些乐器在演奏。

材料和工具

2个没有充气的气球、2根长皮筋、1张锡纸、3根吸管、2个塑料杯子、1把大米、1把豆子、1个空塑料瓶（有盖）、1个茶叶桶（铁皮）、2把尺子、1张光盘、5颗玻璃球、2支没削过的铅笔。

知识检索

完整的管弦乐队需要打击乐器、长号、大号、圆号、小号、竖琴、单簧管、大管、短笛、长笛、双簧管、小提琴、中提琴、大提琴、低音提琴，等等。

完整的民乐队需要二胡、扬琴、竹笛、古筝、锣等。

☆声音是怎样产生的？☆

声音是由物体的振动引起的：敲鼓时听到了鼓声，同时触摸能感觉到鼓面的振动；人能发声是由于声带的振动；汽笛声、喷气飞机的轰鸣声，是排气时气体振动产生的。总之，物体的振动是产生声音的根源，发出声音的物体称为声源。声源发出的声音必须通过中间媒质才能传播出去。人们最熟悉的传声媒质就是空气，除了气体外，液体和固体也都能传播声音。

从你的周围找出可以发出声音的物体。

思维建构

连连看，你都知道哪些乐器？

圆号　　　　古筝　　　　二胡　　　　双簧管　　　　小提琴

1. 这次活动分为2部分。第1部分有5分钟时间思考和解决问题。当时间分别剩2分钟、1分钟和30秒的时候，会提醒大家。大家可以交谈和提问，但要计时。

2. 第2部分有4分钟时间展示方法。

3. 桌子上有一些物品，大家可以用它们制作乐器。不能再使用其他任何东西，大家不可以改变带标签的物品。

4. 大家要做的是：用自己制作的乐器合奏一首曲子。

第 1 部分:

1. 每名组员制作 1 件可以发出多种声音的乐器;

2. 为大家的乐器命名;

3. 为大家的乐队命名;

4. 用大家制作的乐器创编 1 首曲子。

第 2 部分:

1. 说出大家乐队的名称;

2. 按顺序用自己的乐器演奏出 2 种声音;

3. 说出自己乐器的名称;

4. 用自己制作的乐器演奏创编的曲子。

延伸探究

☆ 教你制作吸管小乐器 ☆

有关声音的有趣小实验，同学们了解多少呢？下面就向你推荐一个简单的实验，感兴趣的同学可以在爸爸妈妈的帮助下，做一做这个实验，你们就会更加明白声音产生的原理了。

实验方法：

1. 把长吸管剪成 10 cm 左右，吸管的一端用手指压平后，两边各斜剪掉 0.5～1 cm，使开口成三角形。

此时可以试一下，把吸管放在牙齿之间，然后用嘴唇轻轻含住吸管尖端后再吹气，促使三角形尖端产生振动，就会有声音发出来。

2. 把吸管中间弯曲后，左右两边各斜剪一下，剪出 2 个三角形小凹槽，打开后，会出现菱形的小孔。

可以用同样的方法，再剪2个菱形的小孔。

3.这样就完成了一个吸管做成的长笛。提示：向吸管内吹气时，不可用力猛吹，而要用嘴唇含住吸管尖端后再轻轻吹气。吹气时吸管上的两塑料片会快速振动，用手指轻轻按住不同的小孔，就会发出高高低低的声音！

试着把吸管剪成不同的长度，看看声音会发生什么变化。也可以试着改变小孔的位置，看看小孔在不同位置时音调有什么差别。

实验原理：振动会产生声音，吸管前端两片尖尖的塑料，在人进行吹气时会快速振动，它和吸管内的空气因产生共鸣会发出声音。吸管的长短、吸管上的小孔位置不同或吹气时手指按住不同的小孔时，吸管内的空气的多少就不一样，发出的声音也不同。吸管内的空气越多，发出的音调越低沉，反之，吸管内的空气越少，发出的音调越高亢。

9 创意餐具

　　这是我们大家都很熟悉的餐具，你观察到它和我们平常用的餐具有什么不同吗？这套餐具是可以拆分组合的菜碟、饭碗、小餐碟、勺子和筷子，不用时它还是一件很节省空间的工艺品呢。你能用几个词来形容一下这套餐具吗？

材料和工具

　　3把塑料叉、1把调羹、1把刀，5张餐巾纸。

　　每人6张卡片（卡纸片或扑克牌），1个卡片盒。

　　说明：卡片是在语言训练环节记录交流次数的工具。

知识检索

创意无极限！设计师们设计了各种各样的餐具为饮食带来许多乐趣。让我们一起来瞧瞧吧！

适合小饭桌上用的餐盘，菜多了也不用"叠罗汉"

几何造型的刀叉和汤匙

鱼造型的刀叉和汤匙

地图造型的餐盘，让不同国度的菜放在"自家"的盘子里

工具造型的刀叉和汤匙也能整合成一件工艺品

能拆分成一套餐具的工艺品

执行任务

 行动验证

1.有1分钟时间思考，4分钟时间解决问题。任何时候，组员间都不能交谈。

2. 每人有 6 张卡片，按顺序回答。给出一个回答后，要把你的一张卡片放到盒子里。

3. 回答要大声、清晰。一旦计时开始，就不会中断，即使裁判要求你重复、解释或给出另一个正确的答案。

4. 不可以打乱顺序回答。如果一名组员回答不出，小组的解题就会停下来。

5. 时间到或卡片用完，解题结束。

6. 桌子上放着一些物品。你们的问题是用这些物品做些东西或做些事情，并说出你做的是什么，或你在做什么。比如，你可以将它们当作刀叉，然后说"切肉"。

☆纸餐具变变变☆

你想把纸餐具变成什么？把你的创意设计图画下来吧。

在日常生活中，房屋随处可见，你想深入了解房屋设计、搭建与改进的过程吗？我们能不能用生活中常见的扑克牌设计并搭建一座属于自己的纸牌屋呢？我们一起动手做一做吧，相信在搭建的过程中你会像工程师一样思考并寻求最佳方案。

材料和工具

纸牌1副、热熔胶枪1把、16开大小的书1本、米尺1卷。

执行任务

 思维建构

请尝试将纸牌搭到30厘米的高度。想一想，我们可以怎样正确使用纸牌？

是否可以改变纸牌的形状？是否可以借助外力？纸牌的张数是越多越好吗？

纸牌搭建设计	
方案一	方案二

 方案设计

1. 出示任务和评价量表。使用一副纸牌和热熔胶枪制作出高度至少为30厘米的房子，房子至少能够承受一本普通的16开书（280页左右）的重量。

2. 小组合作，设计方案。每个小组首先要了解、识别搭建的限制条件是否发生了变化，并在第一次实践的基础上改进。小组达成一致后，进行新的图纸设计，要求房屋结构完整、搭建步骤清晰、材料使用标注清楚。

3. 制作、搭建并测试各个小组按照设计的图纸进行制作搭建，同时提醒学生在使用胶枪的过程中注意安全。在制作的过程中若发现学生有需要修改的地方，教师可以协助学生进行相应的修改。制作完成后，小组成员在小组内测量纸牌屋的尺寸和承重能力并统计使用纸牌的数量。

 实验验证

1. 设计与思考。

★ 小组设计的房屋结构是怎样的？

★ 怎样在增加房屋高度的同时不影响房屋的承重力？

★团队成员如何分工？

2. 搭建房屋。

根据前面所做的思考和设计，进行房屋搭建。

3. 过程记录。

★设计图能实现吗？

★纸牌屋的高度如何？承重力怎么样？

★在搭建过程中遇到问题是如何解决的？

方案设计图	
实施步骤	搭建过程遇到哪些问题？
反思与改进	

延伸探究

发挥想象，思考如果要在太空建造房屋，需要考虑哪些因素？

 资料链接

　　房屋建造过程：第一步，拥有一个地基并设计好房子的整体结构，清理地基。万丈高楼平地起，选好地基是关键。第二步，开始浇筑地梁。第三步，主体砌筑，盖出房子基本结构。第四步，屋内填土砸夯，把地砸实。第五步，封顶，同时要考虑电路与水管的走向，屋顶铺钢筋，屋顶铺水泥。第六步，往上加层，步骤与前面一样。第七步，室内装饰。

　　注册建筑师是依法取得注册建筑师资格证书，在一个建筑设计单位内执行注册建筑师业务的人员。国家对从事人类生活与生产服务的各种民用与工业房屋及群体的综合设计、室内外环境设计、建筑装饰装修设计，建筑修复、建筑雕塑、有特殊建筑要求的构筑物的设计，从事建筑设计技术咨询，建筑物调查与鉴定，对本人主持设计的项目进行施工指导和监督等专业技术工作的人员，实施注册建筑师执业资格制度。

11 纸造型设计

丰富多彩的大千世界是由各种各样的材料组成的。材料在我们的生活中无处不在，材料关系到每一个人的生活。不同的材料有哪些性质？这些性质如何应用到我们的生活中呢？让我们一起去探究吧！

材料和工具

1根橡皮筋、1支粉笔、1根小木根、几本相同大小的书、A4纸、宽胶带、剪刀、尺子。

执行任务

 思维建构

皮筋、粉笔、木棍是3种不同的材料，分别尝试拉伸、压缩、弯折这3

种材料，请你再从以下所列性质中任选 3 项作为补充，将测试结果进行记录。

说一说：材料之间的性质有什么不同？

☆**任务单**☆

性质	橡皮筋	粉笔	木棍
是否容易伸拉			
是否容易压缩			
是否容易弯折			

请任选 3 项性质进行测试：

1. 是否有光泽；
2. 是否透明；
3. 表面是否有纹路；
4. 是否容易加工；
5. 能不能浮在水上；
6. 延展性；
7. 导热性；
8. 导电性；

9. 是否耐磨；
10. 是否容易生锈；
11. 是否容易腐蚀；
12. 是否容易变形；
13. 能否透光；
14. 能否隔音；
15. 是否有弹性；
16. 是否容易磨损。

方案设计

使用 1 张纸和胶带制作 1 个立体造型（三维空间造型），可以支撑住 1 本书离桌面 5 厘米至少 10 秒钟。

注意："支撑住"要求将书放在纸面，而不是用纸提拉。

 **实验验证**

1. 观察思考。

★ 纸有哪些性质?

★ 什么样的纸造型可以让纸的承重性变强?

2. 改进设计。

★ 在研究中总结经验,不断改变纸的造型,增加承重性。

3. 过程记录。

★ 在搭建纸造型过程中做了哪些改变和调整?

★ 遇到问题是如何解决的?

	总结原因	如何改进
第一次实践		
第二次实践		
第三次实践		
……		

延伸探究

如果给你 8 张 A4 纸,能否把一名同学(体重为 20～25 千克)支撑起来(离地面 3 厘米)?你会怎样搭建呢?

看到这个题目，你会想到什么呢？你玩过玻璃球吗？今天我们就可以对"玻璃球滚下坡"这一现象进行观察探究。我们可以在平面上放置不同的材料，对玻璃球在不同材料的影响下滚出的距离进行测定。

材料和工具

卷尺、木板（作为坡面）、玻璃球、小车、砝码、气泡膜、砂纸、铝箔纸、玻璃板、毛巾、瓦楞纸、双面胶或胶带。

执行任务

 思维建构

☆摩擦力在哪里? ☆

1.仔细观察，我们的鞋底是什么样的？为什么要这样设计？

2.卫生间里为什么要铺防滑垫？

3.体操运动员或举重运动员在比赛之前,手上抹的白色的粉有什么作用？生活中还有哪些摩擦力在影响着我们？

我的问题：在条件相同的情况下，重的车滑的远还是轻的车滑的远？

问题探究：

1. 在桌面上摆放好坡道和平面，放好卷尺进行测量；

2. 一个小车（A）里放上10克的砝码，另一个小车（B）不放砝码；

3. 先让小车（A）从坡道自由滑落，记录小车在平面上的滑出距离；再让小车（B）从相同高度自由滑落，记录小车在平面上的滑出距离。

思考：车滑出的远近与什么有关？

方案设计

1. 感受材料表面的性质特点并进行合理的猜想。

通过触摸感知不同表面材料的特点，根据材料的特性，对材料的摩擦力大小展开猜想。

2. 设计制作实验坡道并设计实验表格。

3. 进行实验并记录。

4. 展示与总结。

实验验证

1. 在小组中通过触摸等方式感受了解各种材料的性质特点，对玻璃球停止的距离远近排序做出预测并给出理由。

材料名称	材料的性质特点	预测玻璃球停止的距离远近排序	我的理由是
砂纸			
瓦楞纸			
铝箔纸			
……			

你认为不同表面的材料是怎样影响摩擦力的？

2. 设计制作测量坡道及表格。

观察思考

★表面材料和轨道之间怎样连接，才能保证玻璃球的初始速度大致相同？

★怎样设计实验，可以减少其他因素对实验数据的干扰？

实验表格设计：

材料	第一次实验距离	第二次实验距离	第三次实验距离	平均值
砂纸				
瓦楞纸				
铝箔纸				
……				

3. 使用不同的表面材料进行实验。在表面材料不同的情况下，将玻璃球放在坡道同一高度让其自由滑落，将滑出的距离记录在表格中，同一材料重复 3 次，取平均值作为最后结果。

如果我们的世界没有摩擦力，将会是什么样子？

13 初探振动发声的规律

耳朵是我们与物质世界相接触取得感性认识的一种器官，它具有感受听觉和位置觉的功能。我们听到的声音是哪里来的？为什么声音会有不同？本次研究将会给你答案。让我们行动起来吧！

材料和工具

大纸杯、普通白纸、铝箔纸、塑料薄膜、蜡纸、玻璃纸、橡皮筋、绳子、胶带、热熔胶枪、胶棒、笔、剪刀。

执行任务

 思维建构

尝试制作一面小鼓。制作小鼓需要哪些材料？如何将鼓面和鼓身衔接起来？制作的小鼓怎样能发出声音？你想做一个什么样的小鼓呢？请绘制设计图。

设计图	所需材料

 **方案设计**

1. 选取材料。

依据设计图，选取所提供的材料，动手制作小鼓。

2. 制订方案。

方案一：以小组为单位用提供的材料制作一面小鼓。

方案二：用现有的材料再做出四面鼓，要求其发出的声音有别于第一面鼓。之后，各小组展示制作的五面鼓，并比较不同。用笔做鼓槌，敲打出有一定乐感的声音。

 **实验验证**

1. 观察思考。

★ 选择什么样的材料做鼓面？为什么？

★ 鼓面应该如何固定？需要注意哪些细节？

★ 不同鼓面发出的声音不同是什么因素造成的？

2. 改进设计。

★ 关于声音的改变，你从哪几个方面做出了改进？

★做出的小鼓如果发不出声音是为什么？你们是如何改进的？

3.过程记录。

		鼓面所用材料	声音描述
方案一	1号鼓		
	2号鼓		
方案二	3号鼓		
	4号鼓		
	5号鼓		
反思与改进			

如果没有声音，我们的世界将变成什么样子？生活会发生哪些变化？

 资料链接

中国民族乐器历史悠久，源远流长。从已出土的文物可证实：远在先秦时期，就有了多种多样的乐器，如浙江河姆渡新石器时代文化遗址出土的骨哨，河南舞阳县出土的贾湖骨笛（最早的笛子，距今8000年左右），西安半坡村仰韶文化遗址出土的陶哨，河南安阳殷墟中出土的石磬、木腔蟒皮鼓，湖北随县曾侯乙（前433年入葬）墓出土的编钟、编磬、悬鼓、建鼓、炮鼓、排箫、笙、篪、瑟等。这些古乐器向人们展示了中华民族的智慧和创造力。

你喜欢音乐吗？想不想亲手制作一把吉他？制作乐器也是一种探索与感知音乐的方式。在制作乐器的过程中，你可以了解振幅与响度、频率与音调的关系，能够直观体会声音的传播与旋律的形成，在学习物理知识的同时又熟悉了音乐知识，这是与一般课堂完全不同的学习体验。让我们一起开启奇妙的音乐之旅吧！

材料和工具

橡皮筋5根、窄透明胶带1卷、宽透明胶带1卷、纸盒2个、渔线（要求粗细不同）、剪刀1把、彩笔、彩纸、图钉等。

执行任务

 思维建构

1. 小组制作独弦乐器：利用纸盒、胶带、渔线等材料制作一个只有一根弦的乐器，可以进行装饰。

问题	思考
弦的固定应当注意什么？	
可以进行哪些设计来使得乐器更容易弹奏？	
乐器是否有相应的说明书？	
小组如何分工？	

2. 制作四弦乐器：利用给定材料，小组合作制作一把四弦琴，并在制作的过程中思考以下问题。

问题	思考
有哪些辨别标准音位置的方法？	
你们制作的乐器的弦的松紧程度是否可以调节？	
弦的松紧程度如何调节？是否方便调节？	
乐器是否有相应的说明书？	
小组如何分工？	
多根弦之间的距离如何设计？	
多根弦的粗细和材质如何选择？在什么位置固定弦？	

🌸 方案设计

1. 感受声音。讲述有关声音和音乐的名人故事，切身体会声音的产生，并举例讲解声音的传播方式。头脑风暴：以小组为单位，用身边的材料创造声音。

2.画一画。在一张纸上打印或画出你的独弦琴和四弦琴的设计图,将此作为制作大纲。

3.任务执行,设计盒子吉他(独弦琴和四弦琴)。

4.展示、评价与总结。

 实验验证

1.观察思考。

★ 独弦乐器在音乐的表现力上有什么缺点?

★ 多弦琴的优势有哪些?

★ 多弦琴的弹奏难点有哪些?如何克服?

2.改进设计。

对两次任务完成情况进行数据分析,改进四弦琴的设计。

3.过程记录。

★ 弦的固定应当注意什么?

★ 在弹奏调试的过程中,你有没有发现音高与渔线固定位置之间的规律?

★ 遇到问题是如何解决的?

独弦琴	四弦琴
观察与思考	观察与思考
反思与改进	

延伸探究

 资料链接

☆声音特性☆

响度： 人主观上感觉声音的大小（俗称音量），由振幅和人离声源的距离决定。振幅越大，响度越大；人和声源的距离越小，响度越大。

音调： 声音的高低（高音、低音），由频率决定。频率越高，音调越高。（频率单位 Hz，人耳听觉范围 $20\sim20000$ Hz；20 Hz 以下称为次声波，20000 Hz 以上称为超声波。）

音色： 又称音品，波形决定了声音的音色。声音因不同物体材料的特性而具有不同特性。音色是抽象的，音色不同，波形则不同。典型的音色波形有方波、锯齿波、正弦波、脉冲波等。通过波形，可以进行分辨不同的音色。

乐音： 有规则的让人愉悦的声音。**噪音：** 从物理学的角度看，指由发声体做无规则振动时发出的声音；从环境保护角度看，凡是干扰人们正常工作、学习和休息的声音，以及对人们要听的声音起干扰作用的声音，都是噪音。

太阳为我们提供着源源不断的能源——太阳能。随着科技的进步，人们将太阳能转换成电能输送到千家万户，实现了可再生能源的利用。那么，人们是如何将太阳能转换成电能的呢？太阳能产品又有哪些优势和不足？让我们从太阳能发电原理入手，一起来探究吧！

材料和工具

太阳能板、导线、万能表 1 个、开关、不同瓦数的灯泡等。

执行任务

 思维建构

我要解决的问题	我的假设	我的验证方式	我的知识拓展
不同光照情况下太阳能发电量是否相同？			
每小时太阳能能转换为多少电能？			
……			

方案设计

1. 设计调查问卷，通过问卷调查搜集生活中常用的太阳能产品的优缺点。

☆ 太阳能产品优缺点调查问卷 ☆

目前太阳能利用技术的发展水平已相对成熟，可有的太阳能装置因为效率偏低、成本较高，在使用过程中仍存在一些弊端。为了探究太阳能高效率的利用方式，我们开展了此次调查问卷活动。您的真实的想法，对我们都有很大帮助。感谢您抽出宝贵的时间为我们完成这份答卷！

（1）您接触过的太阳能产品有哪些？

A. 太阳能热水器　　　　　　B. 太阳能充电器

C. 太阳能灯　　　　　　　　D. 太阳能玩具

其他：_____。

我的问题设计：

（2）

（3）

将调查问卷收集汇总，撰写简单的调查报告。

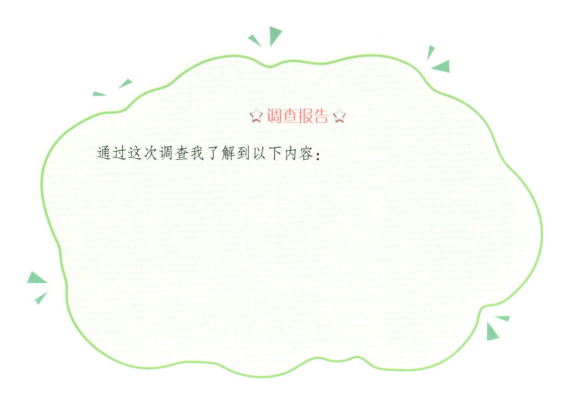

☆调查报告☆

通过这次调查我了解到以下内容：

2.根据所需解决的问题及提供的实验材料撰写实验设计方案。

实验材料：太阳能板、导线、万能表1个、开关、不同瓦数的灯泡等。

方案一	方案二
实施步骤	实施步骤
反思与改进	

实验验证

1.绘制简易的太阳能发电电路图，利用提供的材料进行验证。

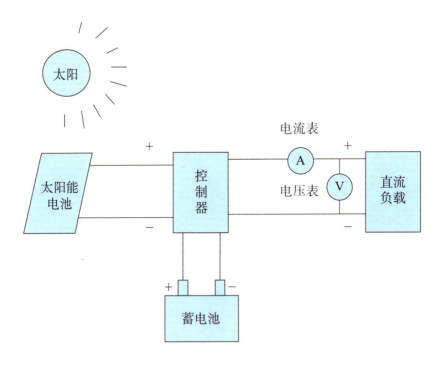

☆ 太阳能发电量记录表 ☆

观察时间及光照情况	发电量
我的思考及我的验证结果	

2.根据实验结果提出可行的太阳能产品存在问题的改进意见，并依据改进意见设计自己的太阳能产品。

太阳的能量时刻伴随着我们，影响着我们生活的方方面面，究竟什么是太阳能呢？我们一起来了解一下吧！

 资料链接

太阳能是来自太阳的辐射能量，由太阳内部氢原子发生氢氦聚变释放出巨大核能而产生。人类所需能量的绝大部分都直接或间接地来自太阳。植物通过光合作用释放氧气、吸收二氧化碳，并把太阳能转变成化学能在植物体内贮存下来。

16 防震高塔

某些地方地球板块活动频繁，地震时常发生。高震级的地震往往造成巨大的破坏。你有可能会问："为何看起来坚固无比的建筑物在地震中会像豆腐一样脆弱不堪？"今天就让我们当一回小小工程师，在设计基础隔震系统的基础上，搭建建筑物，了解工程领域中各类建筑物面临的地震挑战。

材料和工具

基础隔震系统材料包：硬纸箱板、吸管、竹签、棉花糖、弹簧、卫生纸。

建筑物搭建材料包：牙签5盒、胶棒、热熔胶枪2把、砖1块、矿泉水1瓶、书1本（32开，1～2厘米厚）。

执行任务

思维建构

防震高塔设计

方案设计

尝试制作一个50厘米高的防震建筑物,建筑物分为两部分:下面是基础隔震系统,长宽均不能大于30厘米;上层是高塔,使用牙签和胶棒制作,并能够在建筑物内放置书、矿泉水、砖块等物品。防震高塔包含哪些结构元素?结构上如何做到地震时保持稳定?我们可以运用哪些材料?绘制设计图并制作。

第一步,选取底座材料;

第二步,根据底座,思考如何搭建高塔;

第三补,修改,领取全套材料,动手搭建。

实验验证

1. 观察思考。

★ 怎样的底座形态更稳定？

★ 地震纵波对建筑物危害大还是横波对建筑物危害大？

2. 改进设计。

通过测试，改进原来的设计。

3. 过程记录。

★ 设计图能实现吗？

★ 完成搭建的过程中做了哪些改变和调整？

★ 遇到问题是如何解决的？

延伸探究

地震和我们的生活息息相关，了解更多的地震知识无疑对我们大有裨益。说说你还想知道哪些地震知识？

如果再给你一次制作机会，你的设计方案会有哪些改变？你从别的同学那里学到了什么？试着通过写作来说明。

17 绘制校园地图

地图与我们的日常生活紧密相关，一份清晰的地图可以给我们的生活带来便利。城市规划者和野外探险者的重要工作之一就是绘制地图。你如果也能亲手绘制身边的地图，就能更好地了解周围的环境。

材料和工具

铅笔、橡皮、彩笔、圆规、量角器、直尺、细线、卷尺。

执行任务

 思维建构

1. 如果要绘制一张教室地图，需要考虑哪些细节？

★比例尺：以什么比例绘制地图？

★方位指向：指出东西南北。

★内容选择：粉笔、黑板擦等。

★图示与标记：表示特定东西的标记。想想用什么符号来表示各种东西，尤其是具有一定面积但是在俯视的时候很难看到的，如垂直于地面的黑板。

★高度标识：如何标识具有一定高度的物品，如风扇。

2.了解专业测绘用到的工具，如水准仪、经纬仪、米尺、秒表。

 **方案设计**

1.确定任务。

任务一：以小组为单位，利用工具和材料绘制教室地图，并做简单说明。

任务二：以小组为单位，利用工具和材料绘制学校地图，并做简单说明。

2.实地测量。

		测量数据记录单	其他放入地图物品清单
任务一	教室长		
	教室宽		
	教室高度		
	黑板高度		
	……		
任务二	操场长		
	操场宽		
	篮球架距教学楼距离		
	……		

3.厘清要素。

★如何在地图上表示方向？

★如何确定比例尺？

★哪些物品可以放入地图？哪些不需要？列出物品清单。

★如何在地图上标记重要的内容，如教室的讲台、书桌？

★哪些要素需要用特殊的方式如辅助线来指引说明？

 实验验证

1. 执行制作任务。

任务一	任务二
实施步骤	实施步骤

2. 总结与反思。

★校园地图和教室地图有什么区别？哪些要素是不同的？

★校园地图和教室地图的比例如何换算？

★哪些物品或区域的位置需要详细表现？你是如何绘制它们的大小和位置的？

★哪些内容是需要放入校园地图的？哪些则不需要？为什么？

★地图上是否存在某些物品组成的"区域"？这些"区域"是否应当进行标记？如何标记？

延伸探究

为绘制的校园地图分区，选取三个时间点，观察在不同时间点上校园中各区域的人数情况，再做一份热点地图。试着根据这份地图说一说在对应时间点上大家都在忙着做什么，为什么会形成这样的热点地图。

18 热卖的音乐盒

音乐盒又称八音盒，它最初是钟塔的报时装置，被称为"可发出声音的组钟"，经过不断地演变，成了现在我们常见的音乐盒，受到世界各地人们的喜爱。小巧精致的音乐盒是通过什么原理制作而成的呢？什么样的音乐盒更受大家的喜爱？这次活动就让我们来制作能够热卖的音乐盒吧！

材料和工具

音乐盒机芯 1 个、硬卡纸 3 张、彩纸若干、吸管 2 根、纸杯 2 个、KT 板 4 张、彩笔 4 支、彩色毛线 10 根、雪糕棍、细木根、双面胶、方块胶、透明胶、铝箔纸、胶棒、彩色玻璃珠、钻石贴。

执行任务

思维建构

我的问题	我的假设与思考
为什么成品音乐盒的响度比机芯的响度高？	
哪些因素提高了音乐盒的响度？	
如何才能将机芯固定？	
如何能让自己的音乐盒热卖？	
……	

 **方案设计**

　　绘制音乐盒设计图。根据设计图完成响度增大装置制作后进行音乐盒外形设计。

☆我的音乐盒设计图☆

 **实验验证**

　　1. 观察思考。

　　★怎样才能更好地把机芯固定住？

　　★是选择做一个共鸣箱还是做一个蒙皮？为什么？

　　★音乐盒设计是否有主题？是什么主题？

　　★音乐盒有哪些共性的设计元素？

　　2. 改进设计。

　　在制作过程中不断发现问题，针对问题改进原来的设计。

　　3. 过程记录。

　　★音乐盒能正常发声吗？声音大小如何？

★外观设计是否包含了受人欢迎的因素?

★遇到问题是如何解决的?

方案一	方案二
实施步骤	实施步骤
反思与改进	

延伸探究

1.所有的乐器都有共鸣箱,利用所学知识设计制作一款自己喜欢的乐器。

2.音乐盒的历史源远流长,围绕音乐盒还有很多动人心弦的故事。搜集有关音乐盒的历史及故事,与同学们分享。